This book belongs to:

Éste libro pectenece a:

Date: Fecha:

_____

Dedicated to Laura, my motivator, and to my grandchildren:
Tiffany, Bonnie, Amy, Robin and Dale.

Publisher's Cataloging-in-Publication
(Provided by Quality Books, Inc.)

Schneider, Beth Harrison
    Bedtime blessings : prayers for children / author &
    illustrator, Beth Harrison Schneider.--1st ed.
        p. cm
        SUMMARY: Collection of rhyming prayers featuring
    illustrations; suitable for children of all ages.
        LCCN 2001093523
        ISBN 0-9701107-4-X

    1. Bedtime prayers. 2. Children--Prayer--books and
    devotions--English. [1. Prayers. 2. Bedtime.]
    I. Title.

    BV283.B43S36 2001   242'.82
                        QB101-700965

Spanish translation by Creative Marketing of Green Bay, LLC

first edition

Bedtime Blessings

Prayers for Children
Oraciones para Niños

Bendiciones para Dormir

Compiled and Illustrated by
Recopilado e ilustrado por

Beth Harrison Schneider

Dear Father in Heaven,
Look down from above,
And send me Thy Spirit
To teach me of love.

Amado padre que estás en el cielo,
Mira hacia abajo desde ahí,
Y mándame tu espíritu
Para enseñarme acerca del amor.

5

For flowers that bloom about our feet, Father, we thank Thee;
For tender grass so fresh and sweet, Father, we thank Thee;
For song of bird and hum of bee, For all things fair we hear and see,
    Father in heaven, we thank Thee.
For blue of stream and blue of sky, Father, we thank Thee;
For pleasant shade of branches high, Father, we thank Thee;
For fragrant air and cooling breeze, For beauty of the blooming trees,
    Father in heaven, we thank Thee.
For this new morning with its light, Father, we thank Thee;
For rest and shelter of the night, Father we thank Thee;
For health and food, for love and friends, For everything Thy goodness sends,
    Father in heaven, we thank Thee.

Por las flores que crecen a nuestros pies, Te agradecemos Señor;
Por el pasto fresco y dulce; Te agradecemos Señor;
Por el cantar de los pájaros y el zumbido de la abeja, Te agradecemos Señor;
Por todas los eventos placenteros y que escuchamos y vemos,
    Te agradecemos Padre que estás en el cielo;
Por el agua azul del arroyo y el azul del cielo; Te agradecemos Señor;
Por la placentera sombra de las ramas de los árboles, Te agradecemos Señor;
Por la fragancia del aire y la frescura de la brisa;
Por la belleza de esos florecientes árboles;
    Te agradecemos Padre que estás en el cielo,
Por el amanecer de esta hermosa mañana; Te agradecemos Señor,
Por el descanso y abrigo de la noche; Te agradecemos Señor,
Por la salud, el alimento, el amor y los amigos; Por todas las cosas bondadosas
    Te agradecemos Padre que estás en el cielo.

There are four corners to my bed,
There are four angels round its head;
Matthew, Mark, Luke, and John,
Bless the bed that I lay on.

Hay cuatro esquinas en mi cama,
Hay cuatro ángeles alrededor de ella;
Mateo, Marcos, Lucas y Juan,
Bendicen la cama en la que descanso hoy.

9

Father, I thank Thee for the night
And for the pleasant morning light,
For rest and food and loving care,
And all that makes the world so fair.

Padre te doy gracias por la noche,
Y por la luz placentera de la mañana,
Por el descanso, el alimento y el cuidado,
Y por todo lo que hace al mundo tan justo.

12

Jesus keep me all the night,
Wake me in the morning light:
May I pure and Holy be,
Growing daily more like Thee.

Jesús guárdame toda la noche,
Despiértame en la claridad de la mañana;
Hazme puro y sagrado,
Cada día Señor quiero ser más como tú.

Lord, teach a little child to pray,
And, oh, accept my prayer;
Thou can'st hear all the words I say,
For Thou art everywhere.
A little sparrow cannot fall,
Unnoticed, Lord, by Thee;
And though I am so young and small,
Thou can'st take care of me.

Señor, enseña a una niña pequeña a orar,
Y, acepta mi oración;
Tú puedes oir todas mis palabras,
Porque estás en todas partes.
Para tí Señor una golondrina
no puede pasar desapercibida;
Y aunque soy muy jóven y pequeña,
Tú cuidas de mí.

Be near me, Lord Jesus,
    I ask Thee to stay
Close by me forever and love me, I pray.
Bless all the dear children in Thy tender care;
And take us to heaven to live with Thee there.

Quédate cerca de mí, Señor Jesús,
    te pido que te quedes
Cerca de mí por siempre y que me ames.
Bendice a todos los niños con tu tierno amor;
Y llévanos al cielo a vivir ahí contigo.

May angels guard
Over my slumbers,
And when the morning is breaking,
Awake me.

Los ángeles cuidarán mis sueños,
Y cuando la mañana llegue
Ellos me despertarán.

Heavenly Father, hear our prayer,
Keep us in Thy loving care.
Guard us through the livelong day
In our work and in our play.
Keep us pure and sweet and true
In everything we say and do.

Padre Celestial, escucha nuestra plegaria,
Guárdanos en tu tierno amor.
Protégenos durante el día
En nuestro trabajo y nuestra diversión.
Mántenos dulces, puros y verdaderos
En todo lo que decimos y hacemos.

Gentle Jesus, meek and mild,
Look upon a little child!
Make me gentle as Thou art,
Come and live within my heart.
Take my childish hand in Thine,
Guide these little feet of mine.
So shall all my happy days
Sing their pleasant song of praise;
And the world shall always see
Christ, the Holy Child, in me.

Generoso Jesús, apacible y manso,
¡Cuida de un pequeña niña!
Hazme generosa como lo eres tú,
Ven a vivir en mi corazón.
Toma mis manitas en las tuyas,
Guía estos pequeños pies.
Así todos mis días felices
Cantarán su hermosa canción de adoración;
Y el mundo por siempre verá
A Cristo, el Santo Niño, en mí.

Now I lay me down to sleep,
I pray Thee, Lord, my soul to keep.
If I should die before I wake,
I pray Thee, Lord, my soul to take.

Ahora me acuesto a dormir,
Te pido, Señor, mi alma guardar.
Si muero antes de despertar,
Te pido, Señor, mi alma tomar.

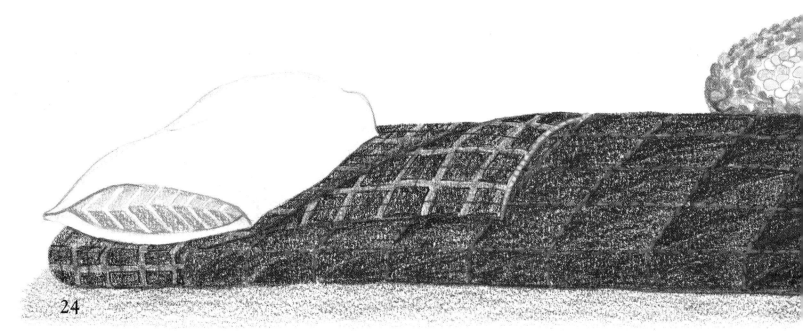

Now the day is over, night is drawing nigh.
Shadows of the evening steal across the sky.

Jesus, give the weary calm and sweet repose.
With Thy tend'rest blessing, may our eyelids close.

When the morning wakens, then may I arise
Pure, and fresh, and sinless in His holy eyes.

Ahora el día ha terminado, la noche está cerca.
Las sombras del atardecer navegan cruzando el cielo.

Jesús, dale a los fatigados calma y dulce reposo.
Con tu tierna bendición, mis párpados podrán cerrar.

Cuando la mañana despierte, entonces me levantaré
Puro, fresco, y sin pecado en sus ojos sagrados.

As evening draws nigh and I fall to sleep,
I'll be very quiet; you won't hear a peep.
I trust the Lord watches well over me.
He sends down an angel, so protected I'll be.

Mientras la tarde atrae la noche y voy a dormir,
Estaré muy tranquilo; no escucharás un chistido.
Confío en que el Señor cuida bien de mí.
Él envía un angel, así que protegido yo estaré.

Bless this milk and bless this bread.

Bless this soft and waiting bed;

Where I presently shall be,

Wrapped in sweet security.

Through the darkness, through the night,

Let no danger come to fright,

My sleep till morning once again,

Beckons at the window pane.

Bless the toys whose shapes I know,

The shoes that take me to and fro

Up and down and everywhere.

Bless my little painted chair.

Bless the lamplight, bless the fire,

Bless the hands that never tire,

In their loving care of me.

Bless my friends and family.

Bless my Father and my Mother

And keep us close to one another.

Bless other children, far and near,

And keep them safe and free from fear.

So let me sleep and let me wake,

In peace and health, for Jesus' sake.

Bendice el pan y bendice la leche.

Bendice esta suave y útil cama;

Donde hoy me he de acostar,

Tranquilo y seguro.

Durante la noche, durante el día,

No permitas que el peligro se acerque,

Mi dormir hasta la mañana,

Llama nuevamente al cristál de mi ventana.

Bendice los juguetes que tanto adoro,

Los zapatos que me llevan y me traen

Para arriba y para abajo y para todos los lados.

Bendice mi pequeña silla pintada.

Bendice a la lampara, bendice al fuego,

Bendice a las manos que nunca se cansan,

Cuídame con tu bendito amor.

Bendice a mis amigos y a sus familias.

Bedice a mi padre y madre

Y siempre mántenos unidos.

Bendice a otros niños, tanto aquí como allá,

Y mántenlos seguros y sin miedo.

Ayúdame a dormir y a despertar,

En paz y con salud, por la gracia de Jesús.

Amen.

Amén.